# PUBLIQUE FRANÇAISE

MINISTÈRE DE LA GUERRE

# MODIFICATIONS PROVISOIRES

### aux articles 110 à 121 inclus

DU

## RÈGLEMENT DE MANŒUVRES DE L'INFANTERIE

### DU 3 DÉCEMBRE 1904

*(Circulaire du 25 janvier 1913, B. O., P., p. 63.)*

# COMBAT A LA BAIONNETTE

# PARIS

## Henri CHARLES-LAVAUZELLE

### Éditeur militaire

10, Rue Danton, Boulevard Saint-Germain, 118

(MÊME MAISON A LIMOGES)

1913

# COMBAT A LA BAIONNETTE

RÉPUBLIQUE FRANÇAISE

MINISTÈRE DE LA GUERRE

# MODIFICATIONS PROVISOIRES

aux articles 110 à 121 inclus

DU

## RÈGLEMENT DE MANŒUVRES DE L'INFANTERIE

DU 3 DÉCEMBRE 1904

*(Circulaire du 25 janvier 1913, B. O., P., p. 63.)*

# COMBAT A LA BAIONNETTE

**PARIS**

Henri CHARLES-LAVAUZELLE
Éditeur militaire
10, Rue Danton, Boulevard Saint-Germain, 118
MÊME MAISON A LIMOGES

1913

*Modifications provisoires aux articles 110 à 121 inclus du Règlement de manœuvres de l'infanterie du 3 décembre 1904. (Circulaire du 25 janvier 1913, B. O., P., p. 63.)*

## Combat à la baïonnette.

N° 110. — La baïonnette est l'arme suprême du fantassin.

Elle joue le rôle décisif dans l'abordage, vers lequel doit tendre résolument tout mouvement offensif, et qui, seul, permet de mettre définitivement l'adversaire hors de cause.

L'instruction du combat à la baïonnette a pour but de préparer l'homme au corps à corps avec des fantassins et des cavaliers. En outre, par le développement des facultés offensives de l'homme, elle contribue puissamment à lui inspirer confiance et à rehausser ses forces morales.

Les principes du combat sont :

Marcher sur l'adversaire, l'attaquer vigoureusement sans s'arrêter et rechercher vivement un résultat décisif;

Poursuivre sans répit l'adversaire qui rompt;

Renouveler l'attaque jusqu'au succès;

Lorsque le corps à corps se produit, frapper avec la crosse et, s'il y a lieu, terrasser l'ennemi par tout autre moyen;

Dès qu'on l'a mis hors de combat, se porter à l'aide des camarades.

### Mouvements élémentaires.

#### GARDE.

N° 111. — La garde se prend directement, en marchant ou de pied ferme, en partant de n'importe quelle position : pas de charge, l'arme à la main, position du tireur, etc.

A l'instruction, elle est prise à l'indication de :

*En garde* (1). — L'arme maintenue horizontalement avec les deux mains, l'avant-bras droit contre la cartouchière, la main droite à la poignée et détachée du corps, la main gauche embrassant l'arme et la bretelle, entre la grenadière et la boîte de culasse, la pointe de la baïonnette vis-à-vis de la hanche gauche, le dessus du canon tourné vers la gauche, le levier incliné à environ 45°.

Les deux pieds à environ 0$^m$,50, le pied droit en arrière et un peu à droite du pied gauche, la pointe du pied rentrée, les jambes un peu ployées, le haut du corps légèrement penché en avant.

Ces indications se rapportent à l'instruction de pied ferme. Au combat, pour attaquer l'adversaire le plus rapidement possible, la garde est généralement prise en marchant, sans arrêt, et l'homme abat simplement l'arme en se rapprochant de ces indications.

*Repos.* — Se redresser sur les jambes, abandonner l'arme de la main droite et continuer de la maintenir de la main gauche, la crosse touchant le sol.

### DÉPLACEMENTS.

N° 112. — Les déplacements servent à gagner ou à rompre la « mesure » (2), à esquiver une attaque, à assurer ou compléter une parade.

*En avant (en arrière). Appuyez à droite (à gauche).* — Porter l'un des pieds à la place voulue, placer l'autre pied à sa position.

*Face à un point.* — Faire face à l'adversaire en tournant de la quantité voulue sur un talon. Placer immédiatement l'autre pied à sa position.

Tous ces déplacements peuvent être combinés dans une direction oblique. Exemple : « En avant, face à un point; face à un point, appuyez à gauche. »
Ils peuvent être également exécutés par bonds.

### ATTAQUES ET PRÉPARATIONS.

*Pointez.* — Lancer vivement l'arme avec les deux mains, le canon à gauche ou en dessus; porter le haut du corps en avant; tendre le jarret droit. S'il y a lieu, se fendre du pied gauche et même laisser coulisser l'arme dans la main gauche. Revenir immédiatement en garde.

---

(1) Les gauchers peuvent être exercés dans la garde à gauche.
(2) La « mesure » est la distance la plus grande à laquelle un homme peut atteindre son adversaire avec la baïonnette.

*Lancez*. — Lancer vivement l'arme de la main droite en allongeant le bras, le canon en dessus. L'abandonner de la main gauche qui se tient prête à la ressaisir immédiatement. Se fendre du pied gauche, tendre le jarret droit. Revenir immédiatement en garde.

Nota. — Dans les attaques, la fente ne doit pas être exagérée. Le « Pointez » peut être dirigé contre toutes les parties du corps. En principe, le « Lancez » vise de loin, surtout la poitrine du fantassin, la tête du cheval ou le flanc du cavalier.

*Battez*. — Frapper brusquement l'arme adverse pour l'écarter.

*Opposez*. — Exercer une forte pression sur l'arme adverse.

*Dégagez*. — Faire passer la pointe sous l'arme adverse.

Le battement, l'opposition et le dégagement sont exécutés avec la main gauche, l'arme pivotant autour de la main droite qui peut au besoin être déplacée.

Le battement et l'opposition servent à écarter la pointe adverse, soit pour préparer l'attaque, soit comme il est dit ci-après pour parer.

Le dégagement peut être utilisé, soit pour attaquer, soit pour tromper une préparation d'attaque de l'adversaire.

### PARADES ET RIPOSTES.

N° 114. — *Parez et pointez (lancez)*. — Chasser la pointe ou la lame adverse par un battement ou par une opposition. Riposter immédiatement par « pointez (lancez) ».

La parade est basse ou haute, à droite ou à gauche, suivant le cas, de préférence à droite pour éviter le coup double.

Au besoin, contre un cavalier armé du sabre, les deux mains pourront se déplacer et s'élever pour faciliter la parade et la riposte.

### EMPLOI DE LA CROSSE.

N° 115. — Faire passer la crosse en avant et frapper des deux mains, soit avec la plaque de couche, soit avec le plat de la crosse.

S'il est nécessaire, employer en outre tout autre moyen pour terrasser l'adversaire (coup de pied bas, coup de pied de pointe, poussée, etc...).

### MÉTHODE D'INSTRUCTION.

N° 116. — L'instruction se divise en deux parties :

# Ire PARTIE.

## INSTRUCTION INDIVIDUELLE PRÉPARATOIRE.

*Mouvements élémentaires et coups au mannequin avec le fusil modèle 1886 (1).* — L'instructeur enseigne à l'homme la garde, les déplacements, les attaques, le mécanisme des parades et l'emploi de la crosse. Il l'exerce ensuite à frapper vigoureusement un mannequin fixe ou mobile, de pied ferme, avec de simples déplacements ou en marchant, et à retirer rapidement son arme après coup.

Il l'amène progressivement à frapper un point désigné du mannequin, afin de donner de la précision à ses attaques.

# IIe PARTIE.

## COMBAT.

N° 117. — Ces exercices sont pratiqués quand l'homme est suffisamment exercé. Les officiers doivent y participer.

Un officier ou un sous-officier spécialement désigné surveille les exercices.

Les exécutants sont munis du masque, ont la main gauche gantée et se servent uniquement du fusil spécial. La tenue est en capote, pans abattus. On amène progressivement l'homme à exécuter ces exercices avec le chargement de campagne, qui est toujours pris pour le « combat individuel ». Pour les « exercices de combat », l'instructeur peut, en outre, revêtir un vêtement supplémentaire sous la capote pour amortir les coups.

Le fonctionnement des fusils spéciaux est vérifié après chaque reprise.

Les officiers et les gradés armés du sabre sont exercés avec cette arme (2) contre les hommes; on profite, en outre, des facilités qu'offrent les garnisons pour faire lutter ceux-ci contre des cavaliers armés de sabres ou de lances d'exercices.

Les coups sont valables sur tout le corps. Pour éviter des accidents, les coups de crosse ne sont qu'esquissés et jamais portés à fond. On arrête l'assaut en cas de nervosité des adversaires ou si un corps à corps se prolonge.

---

(1) Matériel : voir Règlement d'éducation physique, annexe III. Pour éviter les dégradations trop importantes aux armes, on pourra utiliser les fusils de théorie pour ces exercices.

(2) Sabre de salle d'armes ou sabre en bois.

## a) *Exercices de combat.*

N° 118. — L'instructeur sert d'adversaire à l'homme.

Il reprend d'abord, à commandement, la première partie et enseigne à l'homme les préparations d'attaque et les parades. Il l'amène ensuite à agir de lui-même en lui fournissant l'occasion d'appliquer les principes et les mouvements enseignés. Il augmente progressivement les difficultés, la vitesse et relève les fautes.

## b) *Combat individuel.*

N° 119. — L'instructeur surveille et règle le combat qui est exécuté par deux hommes très exercés. Les reprises sont *limitées à quelques secondes.* Les adversaires sont d'abord placés en terrain plat, à distance variable, et se portent à l'attaque au pas de charge ou de course. Dès qu'un résultat est obtenu, ils sont replacés à distance pour une nouvelle reprise. On se rapproche ensuite du combat réel en exerçant les hommes en terrains variés, dans les conditions de la guerre : en terrains inclinés, au bord d'obstacles, de retranchements, etc.

L'instruction doit être menée de manière que tous les hommes soient à même d'exécuter cet exercice.

## c) *Mêlée.*

N° 120. — Pour développer au plus haut point l'énergie, la souplesse, l'esprit de décision de l'homme, pour lui apprendre à ruser et lui inculquer le sentiment de la solidarité, l'instructeur oppose :

Un homme ou deux à plusieurs adversaires;
Un groupe d'hommes à un autre groupe.

Dans ce dernier exercice, il amène les groupes à donner rapidement l'assaut, avec cohésion, sans exiger toutefois que les hommes se tiennent strictement à leur place dans les rangs.

### CONCOURS.

N° 121. — Les assauts et les concours sont un puissant moyen d'émulation. Ils servent à contrôler l'instruction et sont organisés, suivant les circonstances, par compagnie, par bataillon ou par régiment.

*Addition au Règlement d'éducation physique approuvé
le 21 janvier 1910.*

(Notification du 25 janvier 1913, B. O., P., p. 64.)

---

## ANNEXE III.

### Description et utilisation du matériel d'escrime
### à la baïonnette.

#### MANNEQUINS.

Les mannequins servent pour apprendre à l'homme
à ajuster son coup de pointe et à le donner avec vi-
gueur.

Ils sont confectionnés sans frais, par les compa-
gnies, avec des effets hors de service bourrés forte-
ment avec de la paille, des herbes sèches, etc...

Pour leur utilisation, les mannequins sont suspen-
dus, par des cordages passant sous les aisselles, à
tous les objets utilisables (cordes tendues, arbres,
poutres, etc...). On peut utiliser des dispositifs simples avec poulie permettant de rendre le mannequin
mobile, ou le manœuvrer au moyen d'une corde ou
d'une perche à l'extrémité de laquelle il est attaché.

De simples sacs bourrés peuvent remplacer les mannequins.

#### MASQUES D'ESCRIME.

Les masques d'escrime pour l'enseignement des parades et pour les assauts sont les masques du « modèle réglementaire » (B. O., P. S., 23 mars 1910; B. O.,
É. M., vol. n° 55²), c'est-à-dire : le masque de contre-
pointe à collerette ou le masque de pointe à collerette.

Ce dernier masque peut suffire sous réserve que les
corps y ajoutent une collerette de drap assez épaisse
pour bien amortir les chocs sur le cou, des bourre-
lets autour de la tête, ainsi qu'une bride pour le fixer.
Ces modifications sont effectuées sans dépenses au
moyen d'effets hors de service.

#### GANTS.

Le gant (pour la main gauche seulement) est con-
fectionné soit avec de la toile provenant d'effets hors
de service (pantalons de treillis de préférence), soit
avec du treillis neuf.

Il consiste en un gant moufle matelassé à l'extérieur.

L'intérieur est formé de même toile recouvrant seulement les doigts et le pouce et laissant à nu la paume de la main.

Le gant est maintenu au poignet au moyen de petites bandes de toile comportant à leur extrémité, l'une un bouton en zinc, l'autre une boutonnière correspondante.

Pour la confection de ce gant, se conformer aux indications contenues dans les croquis ci-dessous :

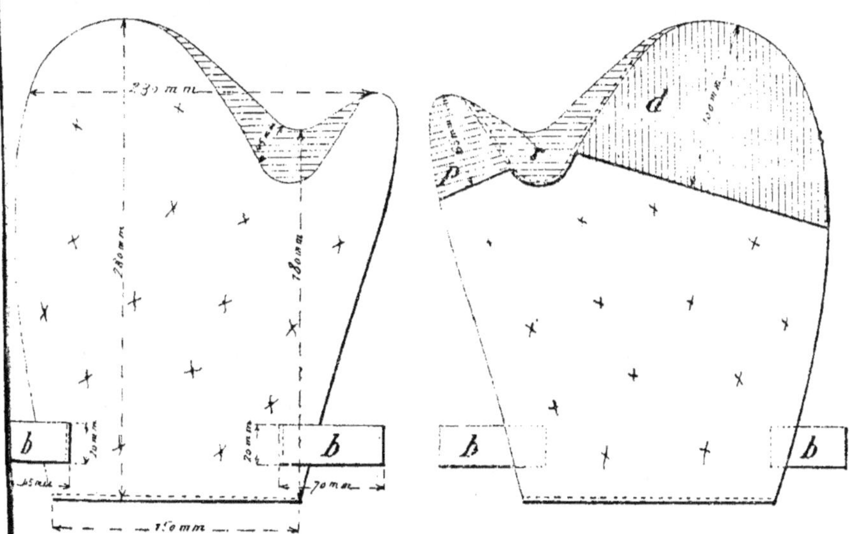


Légende.

*d* et *p*. Toile pour recouvrir les doigts et le pouce.

— *b* — Bandes pour fermer le gant au poignet.

— *r* — Pièce de renfort.

× × × × Points de matelassure.

**Gant pour l'escrime à la baïonnette.**

# DEVIS

*Confection de gants pour l'escrime à la baïonnette
dans l'infanterie.*

| | QUANTITÉ. | PRIX. | DÉCOMPTE. | OBSERVATIONS. |
|---|---|---|---|---|
| **1° CONFECTION AVEC DU TREILLIS NEUF.** | mèt. c. | fr. c. | fr. c. | |
| Treillis en 0ᵐ,75................ | 0 25 | 1 20 | 0 30 | (A) A compléter d'après les prix de la main-d'œuvre civile de la localité ou de la région. |
| Menues fournitures (étoupe, bouton, fil)................... | » | » | 0 106 | |
| Coupe......................... | » | » | 0 06 | |
| Frais généraux et bénéfice....... | » | » | 0 079 | |
| Main- (militaire (non rétribuée). | » | » | » | |
| d'œuvre (civile (3/4 d'heure à ) (A). | » | » | » | |
| **2° CONFECTION AVEC DE LA TOILE PROVENANT D'EFFETS HORS DE SERVICE.** | | | | |
| Menues fournitures (étoupe, bouton, fil)................... | » | » | 0 106 | |
| Coupe......................... | » | » | 0 06 | |
| Frais généraux et bénéfice....... | » | » | 0 034 | |
| Main- (militaire (non rétribuée). | » | » | » | |
| d'œuvre (civile (3/4 d'heure à ) (A). | » | » | » | |

## FUSILS D'ESCRIME A LA BAÏONNETTE.

Ces fusils servent pour l'assaut.

Ils sont, en principe, confectionnés avec des anciens fusils modèle 1874, munis d'une fausse baïonnette actionnée par un ressort à boudin, rentrante au moindre choc et terminée par un tampon.

## Description.

1° *Fusil modèle 1874, sans baïonnette ni baguette.* — Canon alésé à 12ᵐᵐ,3; l'extrémité avant est alésée à 11ᵐᵐ seulement, sur une longueur de 10ᵐᵐ, de façon à constituer une saillie sur laquelle bute le talon de la baïonnette. Le petit tenon, le guidon sont arasés; la directrice est conservée avec ses arêtes qui sont arrondies; la hausse est enlevée.

2° *Fausse baïonnette rentrante en forme de tronc de cône à la partie antérieure.* — La partie postérieure est un cylindre de 10$^{mm}$ de diamètre présentant deux portées de 12$^{mm}$ qui servent à guider la baïonnette dans le canon. L'extrémité arrière de la baïonnette prend appui sur le ressort à boudin placé dans le canon.

A l'extrémité de la baïonnette, un bouchon métallique sert à fixer, par une ligature, un tampon de cuir de 0$^{mm}$,02 à 0$^{mm}$,03 de diamètre, et composé d'une enveloppe et d'un bourrage. Ce tampon est placé par les corps.

3° *Ressort à boudin.* — D'un diamètre de 11$^{mm}$ à 11$^{mm}$,5, s'introduit, ainsi que la baïonnette, par la culasse, sur laquelle il prend appui.

4° *Boîte de culasse.* — Le logement de la vis-arrêtoir est approfondi de 0$^{mm}$,3, afin d'empêcher l'ouverture de la culasse par le serrage de la vis-arrêtoir.

Il est nécessaire de renforcer le fût du fusil, afin d'éviter une usure rapide, au moyen d'une garniture faite soit avec des courroies de cuir usagées, soit avec du drap ou de la ficelle, soit avec des tresses de paille de 8$^{mm}$ d'épaisseur, et fixée par des ligatures. Cette garniture doit commencer près de la bouche du canon et descendre au-dessous de la grenadière.

## DÉSINFECTIONS.

Les gants et les masques sont *fréquemment* nettoyés et désinfectés. On se conforme à ce sujet aux instructions du 30 janvier 1892 (vol. n° 4) et du 30 avril 1906 (*B. O.*, P. R., p. 572).

Paris et Limoges. — Imprimerie militaire Henri CHARLES-LAVAUZELLE.